www.entdecke.de

Entdecke das Gold

Markus Schade

Titelbild: Würdest Du nicht auch gerne einen solchen Piraten-Goldschatz entdecken?
Rückseite: Goldwaschen macht richtig Spaß!

Seite 1: Goldwäscher
Seite 2/3: Gold hat die Fantasie der Menschen schon immer beflügelt!

2. Auflage 2022

ISBN: 978-3-86659-391-6

An der Kleimannbrücke 39/41
48157 Münster
Tel.: 0251-13339-0
Fax: 0251-13339-33
E-Mail: verlag@ms-verlag.de
Home: www.ms-verlag.de
Geschäftsführung: Matthias Schmidt
Layout: Ann-Christine Ottenjann
Lektorat und Bildredaktion: Kriton Kunz
Druck: Drusala, Frýdek-Místek

Alle in dieser Aufstellung nicht aufgeführten Fotos sind vom Autor.

Titelbild: fergregory/Thinkstock
Rückseite: photo 5000/Fotolia LLC
Vorsatz: aekky/Shutterstock

Shutterstock:
Seite 2+3: berserg
Seite 4+5: optimarc
Seite 6+7: Ljupco Smokovski
Seite 7: unten: honz.icek
Seite 9: links: Albert Russ
Seite 9: oben rechts: Cagla Acikgoz
Seite 9: Mitte rechts: Zelenskaya
Seite 12: TTstudio
Seite 13: Billion Photos
Seite 14: Mitte: Jjustas
Seite 15: Chuchawan
Seite 16+17: Dmitry Pichugin
Seite 16: Kreis oben: Mironov56
Seite 16: Kreis unten: G Allen Penton
Seite 17: oben: MarcelClemens
Seite 17: Mitte: Albert Russ
Seite 18: oben: Egor Tetiushev
Seite 19: FamVeld
Seite 20: Aphelleon
Seite 21: salajean
Seite 24+25: Jason Benz Bennee
Seite 26: oben: Mark Agnor
Seite 28+29: Steve Lovegrove
Seite:29: oben rechts: Andrey N Bannov
Seite 31: unten: AlexLMX
Seite 32: Mitte: Carlos E. Santa Maria
Seite 32: unten: Fedor Korolevskiy
Seite 33: Microgen
Seite 34: oben: Triff
Seite 40: Everett Historical
Seite 43: oben: Fabio Freitas e Silva
Seite 46: unten: karelnoppe
Seite 47: oben: Stepan Kapl
Seite 47: unten: schankz
Seite 48: Mitte: Phovoir
Seite 48: unten: 4_mai
Seite 49: unten: Chakis_Atelier
Seite 50: unten: hagit berkovich
Seite 51: unten: Makistock
Seite 52: oben: DenisNata
Seite 54+55: Don Bendickson
Seite 56: unten: Gilles Paire
Seite 58+59: Mariusz S. Jurgielewicz
Seite 59: oben (Kreis): Flugklick
Seite 60: oben: sumire8
Seite 61: unten: Valua Vitaly
Seite 62+63: Surasak Chy
Seite 64: Fer Gregory

Thinkstock Images International:
Seite 1: Comstock
Seite 8: arapix
Seite 9: Bilderrahmen: ZaharovEvgeniy
Seite 14: oben: decisiveimages
Seite 27: SergeyNikolov
Seite 34+35: unten Mitte: shark_749
Seite 43: unten: © Leah-Anne Thompson
Seite 45: unten: teena137
Seite 51: oben: titoOnz
Seite 52: unten: William_Potter

Arco Images GmbH:
Seite 10+11: imageBROKER/Dirk Bleyer
Seite 18: unten: imageBROKER/Ulrich Fuchs
Seite 22: oben: NPL/Wild Wonders of Europe/Zupanc
Seite 35: Mitte: imageBROKER/Wigbert Röth
Seite 35: unten: Minden Pictures/ Colin Monteath/ Hedgehog House
Seite 41: oben links: Thomas Sbampato
Seite 46: oben: imageBROKER/ Harry Laub
Seite 50: oben: C. Hütter
Seite 53: Westend61/VEM
Seite 53: unten: Westend61/ Lisa und Wilfried Bahnmüller

mauritius images GmbH:
Seite 7: oben: Rene Mattes
Seite 23: Gilles Paire / Alamy
Seite 31: oben: RosalreneBetancourt 11 / Alamy
Seite 36: oben: Carlos Mora / Alamy
Seite 37: United Archives
Seite 38+39: SuperStock
Seite 41: oben rechts: adrian arbib / Alamy
Seite 41: unten rechts: Antiques & Collectables / Alamy
Seite 42: Ryan M. Bolton / Alamy
Seite 44: oben: SuperStock / Fine Art Images
Seite 56: oben: David Wall / Alamy

Inhaltsverzeichnis

Gold ist faszinierend! Seit alters versuchen die Menschen, es der Erde zu entreißen.

Willkommen in der Welt des Goldes!

Hast Du schon einmal davon geträumt, Gold zu entdecken – richtiges, echtes Gold? Und hast Du Dich gefragt, warum so viele Menschen von Gold träumen? Gold hat eine magische Anziehungskraft auf uns Menschen. Dabei ist es doch eigentlich nur ein Metall wie viele andere. Oder?

Der Pokal ist zwar nicht aus echtem Gold, aber seine goldene Farbe zeigt: Hier steht der Sieger!

Der nüchterne Verstand sagt: In reiner Form ist das Metall Gold ein chemisches Element und damit einer der Grundbausteine unserer Welt. Es ist das Element mit dem Symbol „Au“ vom lateinischen Wort für Gold: aurum.

Neben reinem Gold gibt es auch Mischungen mit anderen Metallen. Natürliche Metallgemische sind Minerale, künstliche nennt man Legierungen. Am häufigsten ist Gold mit Silber gemischt. Gold-Silber-Minerale sind in der Natur ebenso verbreitet wie Gold-Silber-Legierungen in der Technik und der Kunst.

Faszination Gold

Gold ist das einzige Metall, das in reiner Form eine gelbe Farbe hat. Vor allem seine sonnengleich glänzende Farbe also, aber auch seine Beständigkeit, seine Seltenheit und seine hohe Dichte machen Gold zu einem ganz besonderen Stoff.

Goldmaske des Agamemnon

Weltberühmt sind zwei Goldmasken. Diejenige, die Du hier siehst, wird „Goldmaske des Agamemnon genannt“. Der deutsche Archäologe (Altertumsforscher) Heinrich Schliemann entdeckte sie 1876 bei Ausgrabungen im griechischen Mykene. Schliemann glaubte, sie müsse Agamemnon gehört haben, einem sagenhaften König aus der Zeit des Trojanischen Kriegs. Heute nimmt man an, sie sei Eigentum eines mykenischen Fürsten gewesen.

Da die meisten chemischen Elemente Metalle sind, ist Gold in dieser Hinsicht nichts Besonderes. Und doch ist Gold ein ganz besonderer Stoff, den jeder kennt und den jeder gern hätte. Gold spielt in allen Hochkulturen der Menschheitsgeschichte eine bedeutende Rolle. Dabei ist es für das alltägliche Leben doch zu recht wenig nütze. Gold spricht vor allem die Gedanken und Gefühle der Menschen an. Deshalb wird es auch gern als Schmuck verwendet. Es verleiht seinen Trägern Glanz und Würde. Gold gilt als Symbol für Reichtum und Macht. Da viele Menschen gern reich und mächtig wären, ist es mehr als nur ein gewöhnliches Metall: Gold ist ein Mythos, etwas Faszinierendes.

Komm also mit auf eine spannende Entdeckungsreise rund um dieses faszinierende Metall!

Die Maske Tutanchamuns

Diese Maske hier zählt zu den bekanntesten Gegenständen auf der ganzen Welt. Es ist die Totenmaske des ägyptischen Pharaos Tutanchamun. Sie wiegt rund zwölf Kilogramm.

Besondere Eigenschaften von Gold

Die Faszination, die Gold ausstrahlt, rührt von verschiedenen Eigenschaften her, die diesem Metall innewohnen. Jede für sich ist schon bemerkenswert, aber in dieser Zusammenstellung besitzt sie eben nur – Gold!

Gold für Katzen und Narren

Katzengold ist „Gold für die Katz". Und was für die Katz ist, taugt nicht viel. So ist es auch beim Katzengold. Auf den ersten Blick erscheint es wie Gold. Es glänzt metallisch golden. Deshalb hat manch ein unerfahrener Goldsucher beim Anblick von Katzengold schon geglaubt, er habe einen reichen Schatz entdeckt. Weil das aber nur Narren glauben, wird Katzengold auch Narrengold genannt.

Gold ist gelb

Die meisten Metalle sind silbrig, Kupfer ist rötlich gefärbt. Gelbliche Färbungen haben auch Messing und Pyrit, das auch Katzengold genannt wird. Beide sind aber keine reinen Metalle. Messing ist eine Legierung aus Kupfer und Zink, Katzengold ein Mineral aus Eisen und Schwefel.

Gold ist gelb, hat aber einen ganz eigenen Gelbton – das ist eine der Eigenschaften, die dieses Metall so besonders machen

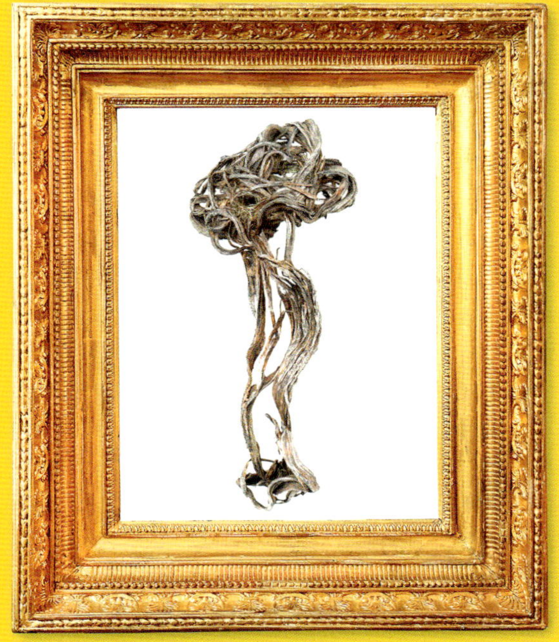

Katzengold oder Pyrit (oben rechts) ähnelt Gold. Silber (oben links), Kupfer (unten) und fast alle anderen Minerale und Metalle sind anders gefärbt.

Gold kann sich mit anderen Metallen vermischen, am besten mit Silber. Je nach Goldgehalt weisen die Gold-Silber-Gemische unterschiedliche Färbungen auf: Je reiner das Gold ist, desto satter ist seine gelbe Farbe. Mit steigendem Silbergehalt wird das Gold immer blasser. Bei über 30 Prozent Silbergehalt wird das Gold blass grünlich gelb, und bei mehr als 50 Prozent Silber verliert sich die gelbe Farbe völlig. Das gilt sowohl für technisches Gold (Legierungen) als auch für Naturgold (Minerale). Fachleute können daher anhand der Farbe den Silbergehalt im Gold auf etwa 5 Prozent genau abschätzen. Genauer ist die schon im Altertum angewandte Methode der Strichprüfung. Dabei wird von der zu prüfenden Goldprobe und einer Probiernadel mit bekanntem Goldgehalt jeweils ein Strich nebeneinander auf einem schwarzen Probierstein gezogen. Stimmt die Farbe beider Striche überein, dann entspricht der Goldgehalt in der Probe demjenigen der entsprechenden Probiernadel.

Gold ist beständig

Die meisten Metalle verändern sich unter dem Einfluss von Umwelteinwirkungen mit der Zeit: Eisen rostet, Kupfer setzt Grünspan an, Silber läuft schwarz an. Nur Gold bleibt Gold. Auch nach tausend Jahren in der Erde ausgegrabenes Gold glänzt in strahlendem Gelb, als wäre es eben erst hingelegt worden. Selbst die meisten Säuren können Gold nichts anhaben. Nur in Königswasser – einem Gemisch aus drei Teilen konzentrierter Salzsäure und einem Teil konzentrierter Salpetersäure – löst sich Gold auf. Dieses Säuregemisch heißt so, weil es den König der Metalle auflöst, nämlich Gold.

Die Beständigkeit gegenüber Umwelteinflüssen und vielen Chemikalien verschafft Gold einen edlen Charakter, macht es zu einem Edelmetall. Außer Gold gibt es nur zwei andere Edelmetalle. Bestimmt kennst Du sie: Silber und Platin.

Um ihre Macht zu zeigen, ließ die Militärregierung in Myanmar in Asien die Kaunghmudaw-Pagode mit Goldfarbe streichen

Extrem selten

Um seine Häufigkeit zu bestimmen, wurden aus vielen Gesteinsanalysen Durchschnittsgehalte für Gold berechnet. Die kontinentale Erdkruste besteht im Durchschnitt nur zu etwa 4 Milligramm pro Tonne aus Gold. Nach seiner Häufigkeit liegt Gold damit auf Platz 75 von insgesamt 81 Elementen.

Gold ist selten

Gold ist eines der seltensten Elemente überhaupt. Deutlich wird das besonders im Vergleich zum häufigen Eisen. In einer Tonne (1 000 Kilogramm) normalen Gesteins sind durchschnittlich nur etwa vier Milligramm Gold enthalten, jedoch 47 Kilogramm Eisen. Selbst Goldlagerstätten mit Gehalten von 4 bis 5 Gramm pro Tonne Gestein enthalten immer noch zehntausendmal weniger Gold als Eisen.

Unsere Erdkruste enthält nur sehr wenig Gold

Gold ist schwer

Verschiedene Materialien sind unterschiedlich schwer. Das Maß für die Gewichtsunterschiede nennt man „spezifisches Gewicht“ oder „Dichte“. Ein Würfel von einem Zentimeter Kantenlänge – also ein Kubikzentimeter – aus Wasser wiegt ein Gramm. Wasser hat also eine Dichte von einem Gramm pro Kubikzentimeter. Zum Vergleich wiegt ein gleich großer Würfel aus Eisen 7,8 Gramm, aus Silber 10,5 Gramm, aus Blei 11,3 Gramm und aus Gold 19,3 Gramm. Somit hat Gold ein spezifisches Gewicht von 19,3 Gramm pro Kubikzentimeter, ist fast 20 Mal so schwer wie Wasser und beinahe doppelt so schwer wie Silber oder Blei.

Echtes Gold ist sehr schwer. Beim Wiegen lassen sich dadurch Fälschungen erkennen.

Die hohe Dichte von Gold hilft, echtes Gold von Fälschungen zu unterscheiden. Um die Dichte eines Objektes zu bestimmen, brauchst Du zwei einfache Messgeräte. Mit der Feinwaage misst Du das Gewicht des zu prüfenden Stücks und mit einem Messzylinder das Volumen. Dafür füllst Du in den Zylinder etwas Wasser, tauchst dann das Prüfstück ein und kannst am steigenden Wasserstand das Volumen ablesen. Und dann musst Du gut rechnen können, denn Du musst die beiden Messergebnisse ins Verhältnis setzen, um die Dichte zu bestimmen. Wie Du nun weißt, hat reines Gold eine Dichte von 19,3 Gramm pro Kubikzentimeter. Je unreiner es ist, desto geringer ist seine Dichte, desto höher also sein Volumen und damit seine Wasserverdrängung.

Es gibt aber Metalle, die eine ähnlich hohe oder sogar eine höhere Dichte als Gold haben, etwa Wolfram mit ebenfalls 19,3 Gramm pro Kubikzentimeter und Platin mit 21,4 Gramm pro Kubikzentimeter. Damit könnten Goldfälschungen hergestellt werden, die nicht mit einer Dichtebestimmung zu entlarven sind. Heutzutage hat es aber wenig Sinn, Goldfälschungen aus Platin herzustellen, denn dieses Metall ist inzwischen noch wertvoller als Gold. Es gibt zwar ein paar gefälschte Goldmünzen aus Platin, aber sie stammen aus einer Zeit, als der Wert des Platins noch nicht erkannt worden war.

Der Gelehrte in der Badewanne

Wie Du auf dieser Seite lesen kannst, lässt sich die Dichte von Gold bestimmen, indem man beobachtet, wie viel Wasser es verdrängt. Diese Methode entwickelte der griechische Gelehrte Archimedes, als er vor über 2 000 Jahren von König Hieron II. von Syrakus den Auftrag erhielt herauszufinden, ob seine Krone wirklich aus purem Gold bestehe. Der Legende nach kam Archimedes die entscheidende Idee, als er ein Bad nahm und dabei bemerkte, dass sein Körper eine bestimmte Menge Wasser aus der Wanne schwappen ließ. Er soll freudig auf Straße gerannt sein und „heureka“ gerufen haben, auf Deutsch etwa „ich hab’s gefunden!“.

Zum Spaß beißen Goldmedaillengewinner oft auf ihre Trophäe

Gold ist so weich, dass es beim Gebrauch rasch zerkratzt

Gold ist weich

Gold hat nur eine geringe Härte. Die Härte eines Minerals oder Metalls misst man von 1 bis 10 in der sogenannten Mohs-Skala. Darin ist Talk das weichste Mineral (Härtegrad 1) und Diamant das härteste (Härtegrad 10). Gold in reiner Form hat einen Härtegrad von nur 2,5. Talk kannst Du mit dem Fingernagel abschaben, Gold lässt sich mit einer Kupfermünze ritzen.

Die Weichheit reinen Goldes hat man früher genutzt, um schnell und einfach die Echtheit und Reinheit beispielsweise von Goldmünzen zu testen: Man hat einfach draufgebissen. Wenn ein Zahnabdruck zurückbleibt, dann ist das Metall weich. Das spricht für reines und echtes Gold, wenn es zudem noch gelb und schwer ist.

Der Biss ins Gold

Auch in Westernfilmen kannst Du die auf dieser Buchseite beschriebene „Beißprobe" manchmal sehen.

Gold ist dehnbar

Gold ist plastisch verformbar. Bei Belastung verbiegt es sich eher, als dass es bricht. Gold kann extrem gedehnt werden. So lässt sich ein Gramm Gold – ein Kügelchen von nur 4 Millimetern Durchmesser – zu einem halben Quadratmeter Blattgold ausschlagen. Das ist dann nur einen zehntausendstel Millimeter (0,0001 mm) „dick“, also unfassbar dünn!

Ganz schön lang!

Ein Gramm Gold kann zu einem 3 Kilometer langen Drähtchen gezogen werden. Das hat einen Durchmesser von lediglich 5 Mikrometern (0,005 mm), ist also viel dünner als ein Menschenhaar!

Beim Songkran-Festival in Thailands Hauptstadt Bangkok kleben die Gläubigen Blattgold auf eine Buddha-Statue

Gold in der Natur

Naturgold kann (für uns nicht sichtbar) als Element oder (sichtbar) als Mineral auftreten. Mineralisch reines Gold wird als gediegenes Gold bezeichnet. Je nach seiner Entstehung und der Form seines Vorkommens unterscheidet man mehrere Arten von gediegenem Gold:

Berggold ist fest im Gestein eingeschlossenes gediegenes Gold. Es bildet meist Einschlüsse in Gängen aus dem Mineral Quarz, die dann Goldquarzgänge heißen.

Seifengold ist lose im Kies der Bäche und Flüsse liegendes gediegenes Gold. Man nennt es auch Waschgold, weil es aus den Ablagerungen eines Fließgewässers gewaschen werden kann.

Schön groß!

Das englische Wort für ein größeres Goldstück hast Du bestimmt schon einmal gehört. Es heißt Gold-Nugget (sprich: Nagget).

In der Natur kommt Gold in verschiedenen Erscheinungsformen vor

Daneben gibt es noch eine dritte Art von Naturgold, und zwar das erst vor kurzem wissenschaftlich beschriebene Lettengold. So bezeichnet man von Lehm in Felsspalten eingeschlossenes gediegenes Gold. Die Lehmfüllung von Felsspalten nannten die Bergleute früher Letten, woraus sich der Name ableitet.

Diese drei Arten von gediegenem Gold entstehen ganz unterschiedlich. Berggold wird bei hohen Temperaturen in den Tiefen der Erdkruste aus fein verteiltem Gold gebildet. Seifengold entsteht, wenn Gestein allmählich verwittert, das Berggold enthält. Berggold bleibt unverändert, solange es im Gestein eingeschlossen ist, Seifengold dagegen wird langsam immer feinkörniger, weil es im Flusskies zerrieben wird. Unter bestimmten Bedingungen können aber beide Arten von Gold an der Erdoberfläche anfangen zu wachsen. Dann entsteht Lettengold. Es wächst in lehmigen Felsspalten dort, wo Goldvorkommen verwittern, oder im Bachbett. Für Goldsucher ist Lettengold vor allem deshalb interessant, weil es größere Stücke bildet.

Dieser Ring hat einen Goldgehalt von 585 Promille. Das entspricht 14 Karat.

Karat

Hast Du schon einmal etwas von „hochkarätigem" Gold gehört oder gelesen? Darin steckt das Wort Karat. Was bedeutet das eigentlich genau? Der Begriff Karat hat mehrere Bedeutungen.

Zum einen ist Karat ein Maß für die Reinheit von Gold, wobei 24 Karat bedeutet, dass es sich um 100 Prozent reines Gold handelt. Warum aber ausgerechnet 24? Das stammt noch aus der Zeit des Zwölfersystems beim Zählen. So wie zwei mal zwölf, also 24 Stunden ein voller Tag sind, so sind 24 Karat vollkommen reines Gold. Im Dezimal- oder Zehnersystem dagegen wird die Reinheit von Edelmetallen in Promille angegeben. Dabei sind 1 000 Promille vollkommen reines Metall. So erklärt sich auch, weshalb so merkwürdige Gehalte wie 585er- oder 875er-Gold beispielsweise auf Schmuck angegeben sind. Das Erste entspricht etwa 14 Karat (genau: 583 Promille), das Zweite genau 21 Karat.

Die Samenkörner des Johannesbrotbaums waren Vorbild der Maßeinheit Karat

Karat ist aber auch ein Maß für das Gewicht von Edelsteinen und Perlen. Die Gewichtseinheit Karat leitet sich von den getrockneten Samen des Johannisbrotbaumes ab. Sie wurden früher zum Wiegen von Edelsteinen verwendet, weil sie angeblich ein immer gleiches Gewicht haben. Die Masse, also das Gewicht eines Samenkorns entsprach einem Karat. Später stellte man aber fest, dass das Gewicht dieser Samen gar nicht so einheitlich ist wie gedacht. Um eine feste Einheit zu bekommen, legte man einfach eine Masse von 0,2 Gramm je Karat fest.

Schließlich heißt auch eine deutsche Rockgruppe aus der ehemaligen DDR „Karat". Vielleicht nannten sich die Musiker ja so, weil man mit dem Namen Karat in jedem Fall etwas Edles verbindet.

Überall Gold!

Kaum zu glauben, aber tatsächlich gibt es überall Spuren von Gold. In einer Badewanne voll Gestein (etwa zwei Tonnen, also 2 000 Kilogramm) sind etwa acht Milligramm Gold als Spurenelement enthalten. Um ein Gramm Gold aus einem Durchschnittsgestein zu gewinnen, müssten also 125 Badewannen voll davon aufwendig aufbereitet werden. Du merkst: Normales Gestein enthält zwar Gold, aber nur sehr, sehr wenig. So wenig, dass es sich nicht lohnt, es zu gewinnen. Aber es ist mehr als nichts!

Gold ist überall
Spuren von Gold stecken nicht nur in jedem Gestein, sondern auch im Wasser und in den Pflanzen und Tieren der Erde.

Auch jeder Mensch enthält in seinem Körper Spuren von Gold. Bei einem Erwachsenen sind das etwa 0,2 Milligramm Gold. Kinder sind kleiner und enthalten entsprechend weniger Gold. Sehen kannst Du dieses Spurengold natürlich nicht. Dafür ist es zu klein. Dass es überhaupt da ist, können Wissenschaftler aber mit empfindlichen Messgeräten feststellen.

Gold im Meer
Nach Schätzungen enthält das Wasser aller Meere der Erde zusammen rund 15 000 Tonnen Gold.

So kannst Du Dir eine Supernova vorstellen, bei der durch Kernfusion auch Gold entsteht

Wie Gold entsteht

Bei der Entstehung von Gold in der Natur müssen wir unterscheiden zwischen dem Element und dem Mineral Gold. Das Element Gold – das sind Goldatome. Sie besitzen 79 Protonen – positiv geladene Teilchen – im Atomkern. Damit gehört Gold zu den Elementen mit einem sehr großen Kern. Solche großkernigen Atome entstehen, wenn kleinere Atome anderer Elemente miteinander verschmelzen. Man nennt das eine Kernfusion. Dafür sind unvorstellbar hohe Temperaturen notwendig, wie sie bei einer Supernova entstehen. Eine Supernova ist eine Explosion eines großen Sterns (viel größer als unsere Sonne!) am Ende seiner Existenz.

Einzelne Goldatome kannst Du aber nicht sehen. Auch tausende Goldatome auf einem Haufen sind noch unsichtbar klein. Es müssen sich Unmengen von Goldatomen an einer Stelle sammeln, damit ein sichtbares Körnchen aus Gold entsteht. In der Natur gibt es chemische Vorgänge, die zur Anreicherung sehr vieler Goldatome führen, sodass sich Goldminerale bilden. Diese Prozesse zu untersuchen, ist Aufgabe einer speziellen Wissenschaft, der Geologie. Im Altgriechischen bedeutet „geo“ Erde und „logos“ Lehre. Geologie ist also die Lehre von der Erde, die Erdwissenschaft.

In der Erdkruste und auf der Erdoberfläche laufen ständig geologische Prozesse ab, bei denen Material umgelagert wird. Das geschieht mal ganz langsam, mal aber auch ganz schnell. Vulkane schleudern blitzschnell Gestein, Asche und Gase in die Luft. Dagegen verläuft das Abtragen von Gebirgen durch Wind und Wetter, die sogenannte Erosion, so langsam, dass Du es kaum merkst. Die Berge scheinen für immer und ewig so dazustehen. Das ist aber nicht der Fall: Erosion trägt über lange Zeiträume ganze Gebirge ab und verfrachtet sie in Form von Kies und Sand über die Flüsse ins Meer.

Mit den Gesteinen und dem Wasser wird auch Gold umgelagert. Das geschieht an der Erdoberfläche ebenso wie im Erdinneren. Dabei reichern bestimmte Prozesse das Gold an und andere zerstreuen es wieder. Geologen untersuchen diese Vorgänge, um herauszufinden, bei welchen sich Gold anreichert. Mit dieser Kenntnis und der genauen Beobachtung der Natur suchen sie dann gezielt nach Goldanreicherungen, um das Gold abzubauen.

Aber schauen wir uns doch erst einmal an, wie sich das Gold anreichert. Das unsichtbare Spurengold kann nur in den Tiefen der Erdkruste zu sichtbarem, gediegenem Gold werden. Zuerst bildet sich also immer das Berggold im Gestein. In den Tiefen der Erdkruste herrschen hohe Temperaturen und hoher Druck. Durch Spalten und Hohlräume fließt dort heißes Wasser und löst je nach den chemischen und physikalischen Bedingungen unterschiedliche Stoffe aus dem Gestein. Gold löst sich am besten, wenn das Wasser Schwefel enthält.

Geologen, also Erdwissenschaftler, suchen Gold auch tief unter der Erdoberfläche

Bergbäche waschen Gold aus dem Gestein

Beim Aufstieg in Richtung Erdoberfläche kühlt das heiße, nun goldhaltige Wasser ab. Da kälteres Wasser nicht so viel Gold lösen kann wie warmes, scheidet sich das Gold beim Abkühlen ab. Es bleibt an der Stelle im Gestein liegen, an der es dann gerade ist. Über lange Zeiträume kann sich so relativ viel Gold im Gestein ansammeln. Gold ist aber nicht der einzige gelöste Stoff und zudem auch noch ein sehr seltener. Deshalb füllen sich die Gänge im Gestein nicht mit reinem Gold, sondern überwiegend mit anderen Mineralen. Gold ist also nur Begleiter der häufigeren Minerale. Meist sitzt das Gold im Quarz. Das ist ein weißes, hartes Mineral. Quarzgänge durchziehen viele Gebirge. Sie führen aber nur dort Berggold, wo sie von goldreichen Nebengesteinen umgeben sind. Gänge mit sichtbaren Goldeinschlüssen nennt man Goldquarzgänge.

Wo sich Landmassen heben, dort entstehen Gebirge. Sie bieten Angriffsflächen für Hitze und Kälte, Regen und Trockenheit, Wind und Gletscher, Pflanzenwurzeln und Schwerkraft. All diese Kräfte nagen am Gestein und zerlegen es in immer kleinere Teile. Der Gesteinsschutt gelangt über die Hänge in die Täler, wird dort vom fließenden Wasser erfasst und abtransportiert. Die Bäche tragen den Schutt in die Flüsse und zerreiben das Material dabei in immer kleinere Körnchen. Dort, wo es im Gebirge goldführende Gesteine

gibt, gelangen natürlich auch sie mit in die Schuttströme und geben ihren Goldinhalt nach und nach frei. Dabei wird Berggold zu Seifengold.

Das Seifengold ist zunächst noch ganz rau und bizarr, wenn es frisch aus dem Gestein gekommen ist. Mit dem Transport durch den Hangschutt sowie in den Bach- und Flussschottern wird es immer mehr gerundet, abgeflacht und zerkleinert. Je runder, flacher und kleiner also ein Goldkörnchen ist, desto länger wurde es bereits im Wasser transportiert.

Wo sich das schwere Gold über Jahrhunderte abgelagert hat, lohnt sich die Suche!

Gold gewinnen

Die Goldgewinnung ist ein Teil des Wirtschaftszweiges Bergbau. Mit dem Goldbergbau beschäftigen sich große, industrielle Unternehmen, aber auch kleine, handwerkliche. Freizeit-Goldsucher betreiben keinen Bergbau und keine Goldgewinnung im wirtschaftlichen Sinne.

Ein goldener Würfel

Alles weltweit bisher gewonnene Gold würde in einen Würfel von 21 Metern Kantenlänge passen.

Tief haben sich die Bagger auf dieser australischen Goldmine bereits in die Erde gefressen. Riesige Lastwagen transportieren das goldhaltige Gestein ab.

Für die Goldgewinnung unter der Erde braucht man schweres Gerät

Die größten Goldmengen werden durch industriellen Bergbau gewonnen. Entweder geht es dabei um Berggold aus Festgestein oder darum, Gold aus lockerem Gestein wie Kies und Schotter zu waschen. Der sogenannte Festgesteinsbergbau erfolgt in Bergwerken unter der Erde, also unter Tage, in senkrechten Schächten und waagerechten Stollen (horizontal) oder über der Erde – das nennt man dann Tagebau. Einer der größten Goldtagebaue der Welt, „Super Pit" in Australien, ist 360 Meter tief und 3,5 Kilometer lang. Das ist fast so tief, wie der Berliner Fernsehturm mit seinen 368 Metern hoch ist!

Die mit Abstand größte Goldlagerstätte der Welt ist der Witwatersrand in Südafrika. Beim Abbau des goldreichen Gesteins drangen die Bergleute dort in so große Tiefen vor wie sonst nirgends in der Welt. Schon in den 1970er-Jahren erreichten sie die Marke von 4 000 Metern. Ohne Kühlung wäre es dort unten 60 Grad Celsius warm! Dort wurden bisher über 47 000 Tonnen Gold gewonnen. Das ist mehr als ein Viertel der Gesamtgoldproduktion in der Geschichte der Menschheit.

Waschgold wird großindustriell mit Schwimmbaggern gewonnen. Sie baggern den goldhaltigen Kies aus dem Flussbett, waschen ihn durch und kippen den Abraum, also den Abfall, wieder zurück ins Flussbett. Ein großer Schwimmbagger gewinnt etwa so viel Gold wie zehntausend Goldwäscher mit der Pfanne. Der größte Schwimmbagger der Welt wurde 1969 im russischen Irkutsk gebaut. Er war 236 Meter lang, wog 11 000 Tonnen, konnte 50 Meter tief graben und arbeitete auf einem Goldfeld in Sibirien.

Im Kleinbergbau wird Gold von einzelnen Goldgräbern oder kleinen Gruppen von ihnen gewonnen. Sie arbeiten nur selten im Festgestein, weil dafür ein größerer technischer Aufwand erforderlich ist. Meistens waschen sie das Gold aus dem Flusskies. Dabei arbeiten sie mit Schaufel und Pfanne, oft auch mit einer Goldwaschrinne. Wenn das Gold tief liegt, dann benutzen sie zusätzlich noch Bagger und Planierraupen. Manchmal spülen sie auch ganze Berghänge mit einem starken Wasserstrahl ab.

So viel Gold!

Es gibt Berechnungen darüber, wie viel Gold bislang insgesamt auf der Erde gewonnen wurde. Demnach sind bis 2016 etwa 170 000 Tonnen Gold gewonnen worden.
Im Vergleich zu anderen Metallen ist das nicht viel. So werden heute weltweit beispielsweise 170 000 Tonnen Eisen in etwa einer Stunde produziert! Das Ergebnis von einer Stunde moderner Eisenproduktion ist also genauso schwer wie das von über 6 000 Jahren Goldproduktion! An diesem großen Unterschied erkennst Du auch, wie mühsam es ist, das seltene Gold zu gewinnen.

Der Anteil der einzelnen Regionen, Länder und Kontinente an der Weltgoldproduktion war zu verschiedenen Zeiten ganz unterschiedlich. Bei den Pharaonen im antiken Ägypten wurde so viel Gold gewonnen, dass es zeitweise sogar billiger war als Silber. Im Mittelalter, das ist die Zeit von 500 bis 1500 nach Christus, lagen die Zentren des Goldabbaus in Europa. Deutschland war im Mittelalter der zweitgrößte Goldproduzent der Welt. Allerdings war das Land der Deutschen damals noch deutlich größer als das gegenwärtige Deutschland. In der Neuzeit, also nach 1500, ging Deutschlands Bedeutung bei der Goldförderung immer mehr zurück. Da es seine beste Zeit der Goldgewinnung aus Vorkommen nahe der Erdoberfläche schon lange hinter sich hat, ist hier gegenwärtig auch nur noch wenig Gold zu finden. Alle einigermaßen abbauwürdigen Goldvorkommen wurden damals schon ausgebeutet. Nur goldarme Reste sind noch übrig geblieben.

Ein Schwimmbagger fördert goldhaltiges Material vom Gewässerboden

In dieser riesigen australischen Anlage wird das gefundene Gold aufbereitet

Die Aufbereitung von Gold

Wenn Gold abgebaut wird, dann in aller Regel als Golderz, also als mit Gold angereichertes Gestein. Das Erz muss erst aufbereitet werden, um reines Gold daraus zu gewinnen. Dafür wird das goldhaltige Gestein in Mühlen zerkleinert. Das Mahlgut wird mit Chemikalien gelaugt, damit sich das Gold daraus löst. Gelöstes Gold wird dann durch bestimmte Zusätze ausgefällt. Dabei entsteht ein goldreicher Niederschlag, also sozusagen goldene Flöckchen, die zu Rohgold geschmolzen werden. Dieses noch unreine Rohgold wird schließlich elektrolytisch gereinigt. Dafür wird das Gold erneut in Lösung gebracht und mithilfe von elektrischem Strom in sehr reiner Form abgeschieden. Vollkommen rein ist aber auch das reinste Gold der Welt nicht. Es enthält immer noch Spuren von Verunreinigungen.

Hier siehst Du glühend heißes, geschmolzenes Rohgold

Ein solches Stück gediegenen Goldes wird Nugget genannt

Goldklumpen

Das generell sehr seltene Gold bildet nur ausnahmsweise größere Stücke. In Deutschland zählen schon Körner mit einem Gewicht über einem Gramm zu den Seltenheiten. Manche Goldsucher geben ihnen deshalb sogar Namen. Der Zufallsfund eines 9,64 Gramm schweren Goldstücks im thüringischen Flüsschen Katze sorgte 2004 für Aufsehen in den Medien. Zum Vergleich: Eine Tafel Schokolade wiegt 100 Gramm. Das vermutlich größte Goldstück Deutschlands wog sogar 64,6 Gramm und wurde 1827 im Großbach bei Enkirch (Hunsrück) gefunden. Noch größer waren Funde in anderen europäischen Ländern. In der Schweiz wurde 1997 das 123 Gramm schwere „Ara Fontanivas Nugget" von einem Freizeit-Goldwäscher im Vorderrhein bei Dissentis ausgegraben. Das französische „Pepite des Avols" wog 543 Gramm und wurde 1889 im Fluss Ardeche in den Cevennen entdeckt. Der größte Goldklumpen Europas stammt aus dem Ural und wiegt satte 36 Kilogramm, also etwa so viel wie ein zehnjähriger Junge! Er heißt „Großes Dreieck" und wurde 1842 in einem Bach bei Miass in 3,20 Metern Tiefe freigelegt.

Rekord!

Als größter Goldklumpen der Welt gilt der „Welcome Stranger" („Willkommener Fremder"). In ihm waren 71 Kilogramm reines Gold enthalten. Er wurde 1869 im Südosten Australiens bei Moliagul entdeckt, zerschlagen und eingeschmolzen.

Das größte Goldnugget, das je mit einem Metalldetektor gefunden wurde, wird in Las Vegas, USA, ausgestellt. Es wiegt 27,21 Kilogramm.

Noch lange nicht Schluss!

Sind die Goldvorräte in der Natur irgendwann einmal erschöpft? Nach aktuellem Kenntnisstand sind noch etwa 100 000 Tonnen Gold zu den derzeitigen wirtschaftlichen Bedingungen rentabel gewinnbar. Bei einer Gewinnung von heute etwa 2 500 bis 3 000 Tonnen pro Jahr reicht das noch für 30 bis 40 Jahre. Danach ist allerdings noch lange nicht Schluss. Zum einen werden bis dahin sicher noch neue Goldvorkommen entdeckt. Zum anderen sind jetzt schon viele ärmere Goldvorkommen bekannt, die heutzutage nicht rentabel gewinnbar sind. Wenn aber in den nächsten Jahren keine neuen Vorkommen entdeckt werden sollten, dann würde das Goldangebot knapper werden und der Preis steigen. Das aber hätte zur Folge, dass es sich lohnen würde, diese ärmeren Goldvorräte abzubauen. Je höher der Goldpreis steigt, desto mehr Gold ist wirtschaftlich gewinnbar, also so, dass es sich lohnt.

Noch lange werden die Menschen Gold gewinnen und zu Barren, Münzen oder Schmuck verarbeiten

Gold in der Geschichte der Menschheit

Gold ist eines der ersten Metalle, mit denen sich Menschen beschäftigt haben. Über kaum ein anderes Metall wurde bis heute so viel nachgedacht wie über Gold.

Die ältesten bekannten Gegenstände aus Gold wurden vor mehr als 6 600 Jahren angefertigt. Sie sind in einem Gräberfeld bei Warna in Bulgarien ausgegraben worden.

Das Interesse am Gold ist aber noch viel älter als diese Gegenstände. Die erste bewusste Begegnung eines Menschen mit Gold könnte etwa so abgelaufen sein: Stell Dir vor, Du wärst der erste Mensch, der in einem Bachlauf zufällig ein Stückchen Gold findet. Was würdest Du tun?

Wie diese Goldmaske der südamerikanischen Inka wurden aus Gold immer schon besonders wichtige Kultgegenstände geschaffen

Als Erstes würde Dir die sonnengleich glänzende Farbe auffallen. Du würdest es in die Hand nehmen und sofort sein hohes Gewicht spüren. Dann würdest Du es untersuchen, um herauszufinden, wofür es verwendet werden könnte. Du schlägst vorsichtig mit einem Stein darauf und merkst, dass es nicht zerbricht. Es verformt sich dabei, geht aber nicht kaputt, als wäre es ein weicher Stein. Dabei behält es immer seinen Sonnenglanz. Du würdest vielleicht denken, es sei etwas Himmlisches, etwas Übernatürliches. Es ist auf jeden Fall etwas Besonderes für Dich.

Bereits die alten Griechen prägten Goldmünzen

Bestimmt würdest Du das Goldstück mitnehmen und den anderen Deiner Sippe zeigen. Auch sie wären vermutlich beeindruckt von Deinem Fund. Für den Alltag könnte jedoch niemand mit diesem „glänzend gelben, weichen Stein“ etwas anfangen. Also würdest Du das Gold erst einmal beiseite legen. Zu einem Fest etwa bei der Wahl eines Häuptlings oder zur Aufnahme von Jugendlichen in den Kreis der Erwachsenen würdest auch Du Dich schmücken wollen und Dich an das Gold erinnern. Als Schmuck ist es nämlich bestens geeignet.

Der frühzeitige Gebrauch von Gold in der Geschichte der Menschheit ist nicht nur eine Folge der auffälligen Eigenschaften dieses Metalls. Wichtig für die ersten Bearbeiter von Gold war auch, dass es quasi schon fix und fertig als Metall in der Natur vorkommt. Es braucht also nicht wie die meisten anderen Metalle technisch aufwendig aus dem Erz herausgeschmolzen zu werden. Ein weiterer Vorteil von Gold ist, dass es sich leicht bearbeiten lässt, sogar kalt. Geübte Handwerker, die Goldschmiede, können Gold durch einfaches Hämmern in beinahe jede beliebige Form bringen.

Altertumsforscher, auch Archäologen genannt, finden bei ihrer Arbeit manchmal Gegenstände aus Gold

Der strahlende Glanz des Goldes erinnerte die Menschen seit Urzeiten an die Sonne

Etwas ganz Besonderes

Gold weckt bei Menschen unterschiedlicher Kulturen Begehrlichkeiten. Ob sie an Götter glauben, an Geister oder an die Kräfte der Natur, für alle ist Gold etwas ganz Besonderes. Das liegt an den besonderen Eigenschaften des Goldes. Am auffälligsten sind seine gelbe Farbe und sein strahlender Glanz. Das Wort „Gold“ leitet sich vom indogermanischen „ghel“ ab, was so viel wie „gelb glänzend“ bedeutet. Gold erinnert an die Sonne, die Grundvoraussetzung für das Leben. Ihr Licht lässt die Pflanzen wachsen, von denen die Tiere leben und letztlich auch wir Menschen. Es vertreibt darüber hinaus das Dunkle, Unheimliche, und ihre Wärme schafft eine wohlige Atmosphäre. Die Sonne galt früher als der „oberste Planet“. (Heute wissen wir, dass die Sonne kein Planet, sondern ein Stern ist, um den sich Planeten bewegen.) Und Gold war das „oberste Metall“. Für Sonne und Gold wurde daher das gleiche Zeichen verwendet.

Auffällig beim Gold ist auch sein hohes spezifisches Gewicht. Es macht dieses Metall (ge-)wichtig.

Seine Beständigkeit gegenüber Umwelteinflüssen und vielen Chemikalien lässt es edel erscheinen.

Schließlich gehört zur Faszination des Goldes auch seine Seltenheit. Wenn es so viel Gold gäbe wie Sand am Meer, dann wäre dieses Metall nichts Besonderes.

Symbol für Gold

Früher wurden die 7 bekannten Metalle mit den 7 bekannten „Planeten“ und den 7 Wochentagen in Verbindung gebracht. Das Symbol für Gold, Sonne und Sonntag war ein Kreis mit einem Punkt in der Mitte.

Segen und Fluch

Gold ist so sehr begehrt, dass Goldsucher zu allen Zeiten in die entferntesten Winkel der Erde vorgedrungen sind, allen Gefahren und Entbehrungen getrotzt haben, um es zu finden. Auf der Suche nach Gold wurden neue Länder und Erdteile entdeckt und erobert. Dabei sind die dort lebenden Einwohner oft aus ihrer Heimat vertrieben oder versklavt und nicht selten sogar getötet worden. Für die einen war das Gold also ein Segen, denn es machte sie reich. Für andere war es ein Fluch, denn sie verloren ihre Heimat, ihre Freiheit und sogar ihr Leben.

Mit dem Gold ist so viel Schönes, Wertvolles, aber auch so viel Elend und Unmenschlichkeit verbunden. Da fragst Du Dich vielleicht: Ist Gold ein Fluch oder ein Segen für uns Menschen? Gold an sich ist natürlich weder gut noch böse. Ob es mehr Gutes oder mehr Schlechtes hervorbringt, das hängt allein von uns Menschen ab. Wir bestimmen selbst, ob wir in Frieden miteinander leben und die Schätze der Natur gerecht teilen, oder ob sich einzelne auf Kosten anderer und der Natur bereichern. Am meisten zu bestimmen haben die Mächtigen. Sie können darüber entscheiden, ob ein Goldvorkommen abgebaut wird und welche Folgen das für die Umwelt und das Leben der Menschen hat. Die betroffenen Menschen müssen aber nicht jede Entscheidung der Mächtigen einfach hinnehmen. Sie können auch selbst Vorschläge unterbreiten. In einer funktionierenden Demokratie führt das zu den besten Lösungen für alle. Das Wort Demokratie kommt übrigens aus dem Altgriechischen und bedeutet „Volksherrschaft". In einer Demokratie können die Bürger also mitbestimmen.

Das Gold des Atahualpa

Atahualpa war der letzte Herrscher des Inkareiches. Die goldgierigen spanischen Eroberer unter ihrem Anführer Pizarro nahmen ihn gefangen. Um frei zu kommen, bot Atahualpa an, einen Raum komplett mit Goldgegenständen füllen zu lassen und einen etwas kleineren Raum zwei Mal mit Silber. Obwohl er sein Versprechen hielt, richteten ihn die Eroberer schließlich im Jahr 1533 unter einem Vorwand hin. Forscher schätzen, dass die Spanier den Inkas rund 16 000 Kilogramm Gold und 180 000 Kilogramm Silber stahlen.

Hier in den Anden Perus wurde Gold illegal mit giftigen Chemikalien gewonnen, die nun die Umwelt zerstören

So haben die Muisca die Gold-Prozession dargestellt. Natürlich in Gold!

Das sagenhafte Eldorado

Ein Gebiet, in dem Gold oder andere Schätze gefunden oder vermutet werden, nennt man gern ein Eldorado. Woher kommt diese Bezeichnung?

Als die Spanier zu Beginn der Neuzeit (nach dem Jahr 1500) Lateinamerika eroberten, waren sie gierig auf das Gold der Ureinwohner. Im heutigen Kolumbien erfuhren sie von einer Legende. Sie berichtete davon, dass die Häuptlinge vom Stamm der Muisca vor ihrem Amtsantritt ein Opfer für den Sonnengott dargebracht haben. Dafür wurde ihr Körper mit einer lehmigen Paste bestrichen und dann mit Goldstaub bedeckt. So „vergoldet", fuhren sie in einer feierlichen Prozession auf den Guatavita-See hinaus und wuschen das Gold ab. Die spanischen Eroberer nannten dieses Ritual „el hombre dorado" („der goldene Mann"). Mit der Zeit wurde daraus „el dorado" („der Goldene"). Bis heute suchen Abenteurer nach dem Gold, das sich am Grund des Sees angehäuft haben müsste – vergeblich.

Übrigens hat der Begriff Eldorado ein Eigenleben entwickelt und wird heute dort verwendet, wo es um eine reichhaltige Quelle von irgendetwas geht. Beispielsweise: „Diese Bücherei ist ein Eldorado für alle, die seltene Bücher lieben und suchen!" oder „Dieser Feinkostladen ist ein Eldorado für alle Feinschmecker".

Versunkene Goldschätze

Beispielsweise etliche der Schiffe, mit denen die europäischen Eroberer geraubtes Gold aus Lateinamerika nach Hause transportieren wollten, sanken. Aber auch später noch gingen immer wieder goldbeladene Schiffe unter. So wurde vor Kurzem das Wrack des im Jahr 1708 in der Karibik gesunkenen Schiffes „San Jose" gefunden. Archäologen vermuten, dass es elf Millionen Goldmünzen und 200 Tonnen Smaragde an Bord hatte, im Wert von je nach Schätzung 460 Millionen bis 16 Milliarden Euro. Der Fund gehört dem Land Kolumbien, das ihn bergen und teils in einem eigenen Museum ausstellen möchte.

Um des Goldes willen töteten die spanischen Eroberer Tausende von Ureinwohnern in Mexiko, Mittel- und Südamerika

Besonders hart für die Goldsucher waren die Bedingungen in den kalten Regionen des Klondike oder wie hier in Alaska

Im Goldrausch

Die Kunde von sensationellen Goldfunden lockt manchmal tausende Menschen an, die auf schnellen Reichtum hoffen. Man sagt dann: Ein Goldrausch bricht aus.

Ein Goldrausch ist also kein Rausch, wie er beim Trinken von Alkohol oder der Einnahme anderer Drogen entsteht. Dennoch haben der Goldrausch und der Alkoholrausch einige Gemeinsamkeiten: Sie laufen weitgehend enthemmt und chaotisch ab. Und beide kennen nur kurze Zeiten der Glückseligkeit, dafür aber umso mehr Schmerz und Unglück.

Zu einem Goldrausch kam es mehrmals in der Geschichte. Zu den berühmtesten gehören der Goldrausch in Kalifornien von 1848 (Höhepunkt 1849) und der Klondike-Goldrausch (sprich: Klondaik) von 1896 (Höhepunkt 1897/98).

Während der Goldrausch eine Erscheinung ist, an der viele Menschen beteiligt sind, trifft das Goldfieber jeweils einzelne Personen. Das Wort Fieber deutet auch den ungesunden, ja krankhaften Drang nach schnellem Reichtum durch Gold an.

Der Goldrausch von Kalifornien

Anfang des Jahres 1848 wurde beim Bau einer Sägemühle am American River in Kalifornien Gold entdeckt. Zeitungsartikel darüber lösten einen Goldrausch aus. Über 300 000 Menschen kamen aus den USA, aber auch aus anderen Teilen der Welt, etwa Lateinamerika, Europa, Australien und China, um ihr Glück zu versuchen und nach Gold zu suchen. Insgesamt wurde Gold im Wert von – nach heutigem Wert – zig Millionen Euro gefunden. Nur wenige wurden reich, immerhin etwa die Hälfte machte einen bescheidenen Gewinn, der Rest ging leer aus.

Es geschah leider viel Unrecht. So wurden die eigentlichen Besitzer des Landes, die Indianer, vielfach getötet oder vertrieben, und amerikanische Goldsucher vertrieben ausländische. Der offizielle Eigentümer des Gebiets, auf dem das erste Gold gefunden wurde, ein Großgrundbesitzer, starb verarmt, weil seine Rechte an diesem Land nicht berücksichtigt wurden.

Der Goldrausch von 1848 lockte über 300 000 Menschen nach Kalifornien

Noch heute suchen Menschen wie hier in Alaska und anderswo nach Gold

In vielen Minen so wie hier in Zentralafrika müssen Kinder einen Großteil der beschwerlichen und gefährlichen Arbeit leisten

Wer aber nun meint, das sei ja alles lange her und einen Goldrausch gebe es heute nicht mehr, der irrt. Derzeit liegt der Preis für Gold so hoch, dass Privatleute und Firmen wieder auf die Suche nach dem kostbaren Edelmetall gehen, beispielsweise in Kalifornien und Alaska. Immer neue Gebiete werden zum Schürfen freigegeben, immer mehr Menschen treten in die Goldsucher-Vereinigung der USA ein und machen sich auf den Weg in vielversprechende Gebiete. Viele investieren reichlich Geld in eine Schürf-Genehmigung und in Maschinen, mit denen sie jeden Tag große Mengen Erde und Geröll nach Gold durchsuchen können. Und es ist auch heute, wie es schon immer war: Manche haben Glück und werden reich, andere finden so wenig, dass sich die Mühe für sie nicht gelohnt hat.

Gold in Büchern und Filmen

Gold und die menschliche Gier danach spielen eine wichtige Rolle in Literatur und Film. Sicher kennst Du den berühmten Kinderbuchklassiker „Die Schatzinsel“ von Robert Luis Stevenson. Einen Einband einer englischen Ausgabe („Treasure Island“) siehst Du hier. Darin heißt es nach vielen spannenden Abenteuern: „Vor einem großen Feuer lag Kapitän Smollett, und in einer entfernten Ecke, die von der Glut des Feuers nur ab und zu erleuchtet wurde, erblickte ich große Haufen von Münzen und würfelförmig aufgeschichteten Goldbarren. Das war Flints Schatz, den zu suchen wir die weite Reise gemacht hatten, und der bereits siebzehn Menschen von der Hispaniola das Leben gekostet hatte.“ Teilweise inspiriert wurde Stevenson durch die spannende Kurzgeschichte „Der Goldkäfer“ von Edgar Allan Poe, bei der es ebenfalls um einen Piratenschatz geht.
Das Thema „Goldrausch“ hat der britische Komiker Charlie Chaplin auf geniale Weise in einen ebenso lustigen wie nachdenklichen Film umgesetzt.

Leider hat der Goldrausch heute auch sehr negative Folgen. Beispielsweise in vielen Regionen Südamerikas, aber auch anderswo auf der Welt suchen Menschen illegal nach Gold. Sie tun das also in Gebieten, in denen das verboten ist. Oft setzen sie dabei Quecksilber ein, denn damit lassen sich auch kleinste Goldflitterchen gewinnen. Quecksilber jedoch ist hochgiftig. Es vergiftet das Leben in den Flüssen und schadet der Gesundheit der Goldsucher, darunter häufig Kinder, aber auch der anderen Menschen und der Tiere, die an und in den Gewässern leben.

Außerdem zerstören illegale Goldsucher auch auf andere Weise die Umwelt und geraten oft in Konflikte mit denjenigen Menschen, denen das Land gehört, auf dem sie schürfen. Häufig sind das Ureinwohner.

Aber selbst in legalen Goldminen vieler armer Länder herrscht viel Leid, etwa im Osten Kongos in Afrika. Die Menschen dort schuften oft unter extrem gefährlichen Bedingungen und werden schlecht bezahlt. Das erinnert fast schon an die Zeiten, in denen die alten Römer oder später Kolonialmächte wie Spanien und Portugal Sklaven in ihren Goldminen einsetzten – unter unmenschlichen Verhältnissen.

Hier wird Gold illegal am Amazonas in Südamerika abgebaut. Dabei kommen Substanzen zum Einsatz, die extrem giftig sind, beispielsweise Quecksilber.

Gold aus versunkenen Piratenschätzen hat die Fantasie von Schriftstellern, Filmemachern und Goldsuchern schon immer beflügelt!

Piratengold

Immer wieder wurden reich beladene Schiffe von Piraten gekapert. Manchmal sanken die Piratenschiffe samt ihrer Beute allerdings, während andere Piraten ihre Schätze versteckt haben sollen. Das beflügelte schon immer die Fantasie von Schatzsuchern.

Das englische Schiff Wydah wurde von Piraten unter ihrem Anführer Sam Bellamy gekapert und beförderte anschließend den größten bekannten Piratenschatz aller Zeit, unter anderem mit mehreren Tonnen Gold und Silber.

Im Jahr 1984 entdeckte der US-Amerikaner Barry Clifford das versunkene Schiff. Nach und nach förderte er Fundstücke zu Tage, darunter zahlreiche Goldmünzen.

Ein eigens eingerichtetes Museum zeigt, was damals mit dem Schiff unterging.

„Piratengold“ der besonderen Art

Ein Junge in England spielte gerne Pirat. Sein Großvater schenkte ihm darum einige Tüten voll Münzen, mit denen er auf „Schatzsuche“ gehen konnte. Jahre später starb der Großvater. Sein Enkel war mittlerweile 35 Jahre alt und hatte nun selbst einen Sohn, der gerne Pirat spielte. Also suchte er die alten Münzen wieder heraus, schüttete sie in eine Spielzeugkiste und gab sie seinem Jungen.
Ein Bekannter der Familie, der zu Besuch kam, bemerkte jedoch in diesem „Spielzeugschatz“ eine außergewöhnliche Münze, die golden schimmerte. Er riet dazu, den Wert schätzen zu lassen. Zur Überraschung aller stellte es sich heraus, dass es sich um eine extrem seltene Goldmünze handelte, deren Wert auf fast 300 000 Euro geschätzt wird.
Geprägt worden war diese Münze aus Gold von spanischen Schatzschiffen, die 1702 auf dem Rückweg von Amerika waren: Britische Schiffe griffen sie an und erbeuteten den Schatz.

Die Alchemisten träumten davon, Gold herstellen zu können

Ein uralter Traum

Es ist ein uralter Traum der Menschheit, Gold künstlich aus anderen Stoffen herstellen zu können. Solch ein Verfahren wäre der Schlüssel zu Reichtum und Macht. Sogenannte Alchemisten in Antike und Mittelalter forschten nach einer Methode, Gold aus unedleren Metallen herzustellen. Sie glaubten, dass die Metalle in der Natur eine Art Reifeprozess durchlaufen. So sollte das unedle Blei zu Silber reifen und dieses zu Gold. Sie suchten nach dem „Stein der Weisen", der ihrer Meinung nach den Reifeprozess beschleunigt. Dass diese Umwandlung der Metalle mit chemischen Mitteln niemals funktionieren kann, das erkannten die Wissenschaftler erst später, als sie mehr über die Elemente wussten.

Inzwischen wissen wir aber, dass es doch möglich ist, andere Metalle in Gold zu verwandeln, allerdings mit physikalischen Mitteln. Physiker haben nämlich gezeigt, dass sich eine solche Elementumwandlungen durch Kernreaktionen erzielen lässt. Um Gold zu erzeugen, eignet sich zum Beispiel Quecksilber. Dieses wird mit Neutronen bestrahlt, elektrisch neutralen Teilchen aus dem Atomkern. Dadurch wandelt sich das Quecksilber über ein Zwischenprodukt zu Gold um. Die künstliche Goldherstellung ist allerdings mit einem hohen technischen Aufwand verbunden. Der Wert des so gewonnenen Goldes würde die Kosten bei Weitem nicht decken. Wirtschaftlich sinnvoll ist diese Methode also nicht.

Schmuck, Geld, Technik

Weltweit wird das meiste Gold heute wie zu allen Zeiten für Dekorationszwecke verwendet, vor allem zu Schmuck verarbeitet. Da reines Gold zu weich ist und sich zu schnell abnutzen würde, wird es meist mit anderen Metallen zusammen verwendet, also legiert. Es gibt unzählige Gold-Legierungen für die unterschiedlichsten Produkte. Die bekanntesten Schmucklegierungen sind Gelbgold, Weißgold und Rotgold.

Ein Teil des für dekorative Zwecke verwendeten Goldes wird zu Blattgold ausgeschlagen, zum Vergolden von Gegenständen. Solche hauchdünnen Folien aus Gold wurden schon in der Antike hergestellt. Um 1400 entwickelte sich die Blattgoldschlägerei zu einem selbstständigen Handwerksberuf in Deutschland.

Gelb, weiß, rot

Gelbgold nennt man eine Goldlegierung mit Silber und Kupfer, wobei die beiden Zusatzmetalle im Verhältnis von 1 : 1 enthalten sind.
Weißgold ist eine Goldlegierung mit Palladium und/oder anderen Metallen, die keinen gelblichen Farbton mehr aufweist.
Als Rotgold schließlich bezeichnen wir eine kupferreiche Goldlegierung.

Ein Großteil des Goldes wird seit alters dazu verwendet, um Schmuck herzustellen

Ein Gläubiger klebt ein Stückchen Blattgold auf eine Buddha-Statue, wie schon viele Menschen vor ihm

Ein Teil des für dekorative Zwecke verwendeten Goldes wird zu Blattgold ausgeschlagen, zum Vergolden von Gegenständen. Solche hauchdünnen Folien aus Gold wurden schon in der Antike hergestellt. Um 1400 entwickelte sich die Blattgoldschlägerei zu einem selbstständigen Handwerksberuf in Deutschland.

Generell kleiner und nur kurzzeitig etwas größer als der Anteil des Schmuckgoldes ist der Teil des Edelmetalls, der in das Finanzwesen fließt: Gold wurde schon frühzeitig als universelles Tauschmittel verwendet, also als Geld. Die ältesten Goldmünzen stammen aus dem 7. Jahrhundert vor Christus. Es sind annähernd gleich große Goldstücke mit bestimmten Abbildungen darauf. Die Darstellungen hat man mit einem speziellen Stempel eingeschlagen. Ältere Münzen wurden also geschlagen. Später ging man dazu über, Münzen in einer Presse zu prägen. Das wird bis heute so gemacht.

In Smartphones sind viele wertvolle Rohstoffe verarbeitet, darunter Gold

Standard-Goldbarren

Jeder der international gehandelten Standard-Goldbarren („Good-Delivery“) wiegt 400 Unzen, also etwa 12,5 Kilogramm. Das Gold hat eine Reinheit von mindestens 99,5 Prozent. Oft sind es 99,99 Prozent.

Seit der zweiten Hälfte des 19. Jahrhunderts dient Gold als Währungsreserve, also sozusagen als Sicherheit des Staates für das Bargeld, das er an seine Bürger ausgibt. Bis 1965 sind die internationalen Goldreserven auf etwa 38 000 Tonnen angewachsen. Seitdem gehen die Bestände etwas zurück. Aufbewahrt und gehandelt wird das Gold größtenteils in Form von Barren.

Nur relativ wenig Gold kommt in der Technik zum Einsatz. In der Zahnheilkunde wird dieses Metall schon seit der Antike verwendet. Die Elektrotechnik benutzt Gold für elektrische Kontakte und auf Leiterplatten. In einem modernen Telefon stecken ungefähr 25 Milligramm Gold.

Auch als Zahnersatz dient Gold

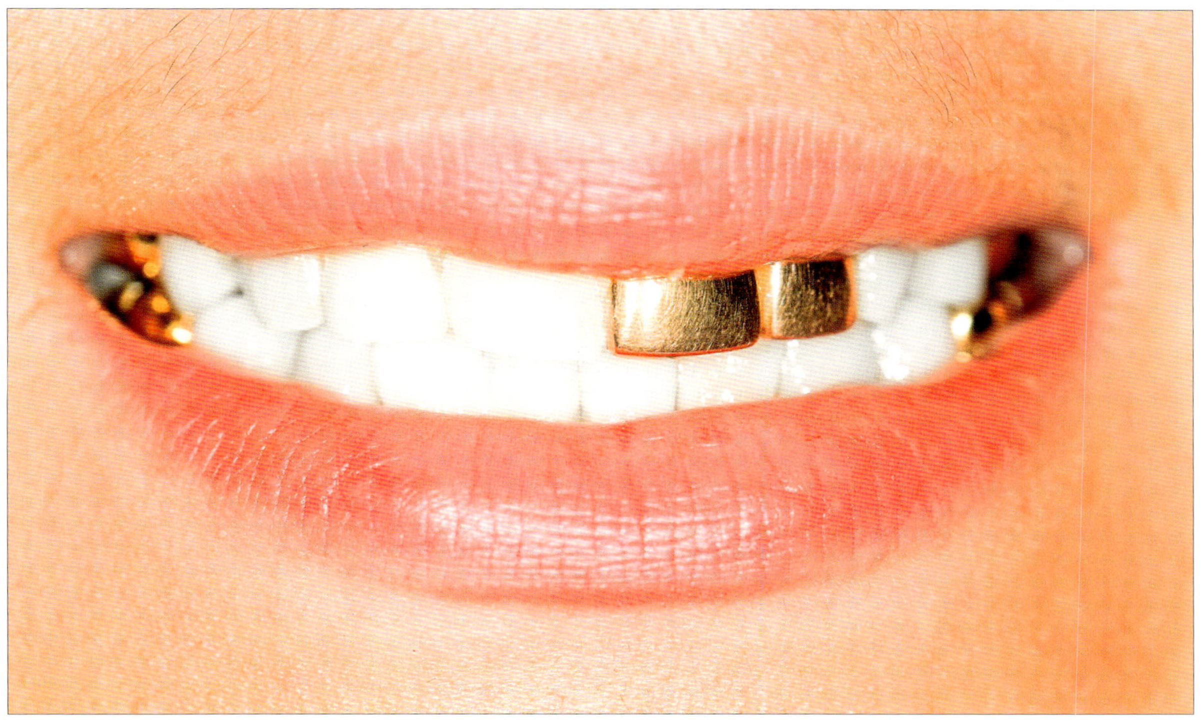

Gold im übertragenen Sinn

Gold ist aufgrund seiner besonderen Eigenschaften der Inbegriff für etwas ganz Besonderes. Dementsprechend wird das Wort häufig verwendet, um den speziellen Wert von Dingen, Tieren oder Pflanzen anzudeuten.

Honig wird auch „gelbes Gold" genannt

Vom Erdöl über die Kartoffel bis zum „goldenen Schnitt"

So nennt man Erdöl, Kohle, Kaviar, Trüffel oder Pfeffer auch „schwarzes Gold", um damit anzudeuten, dass sie etwas besonders Wertvolles sind. Als „weißes Gold" werden unter anderem Speisesalz, Porzellan, Elfenbein, Marmor oder Baumwolle bezeichnet, als „gelbes Gold" das Gewürz Safran sowie Honig oder Bernstein. „Blaues Gold" wird vor allem in Trockengebieten Trinkwasser genannt, aber auch Lavendel oder Heidelbeeren erhalten diesen Beinamen.

Gold im Essen

Da feines Blattgold nicht giftig ist, sich im Körper nicht anreichert, sondern einfach wieder ausgeschieden wird, verwendet man es, um beispielsweise vornehme Pralinen damit zu verzieren. Auch manche Liköre enthalten Blattgold.

Rotwein oder bestimmte Krabben können „Rotes Gold“ heißen. „Grünes Gold“ steht für Oliven, Hopfen oder (grünen) Tee. Kaffee, Schokolade oder Esskastanien heißen nicht selten „Braunes Gold“, und Honig, Whisky oder Bier sind „Flüssiges Gold“. Das „Gold des Nordens“ ist der Bernstein, das „Ackergold“ die Kartoffel. Katzengold ist „Narrengold“. Kalorienreiche Nahrung nennt man scherzhaft auch „Hüftgold“, weil man dort Speck ansetzt, wenn man sie zu reichlich isst. Wer ein eigenes Haus sein Eigentum nennen kann, der besitzt „Betongold“. Was „goldrichtig“ ist, das stimmt ganz genau. Der „Goldene Herbst“ oder „Goldene Oktober“ ist die schöne Jahreszeit des goldgelb gefärbten Laubes.

Eine gute Lösung für alle Beteiligten mit unterschiedlichen Interessen ist ein „Goldener Mittelweg“. Ein „Goldener Handschlag“ beendet einen eigentlich noch länger gültigen Vertrag, bei dem ein Partner großzügig entschädigt wird. Die Goldmedaille ist die höchste Stufe der Siegerehrung. Wer „Goldene Hochzeit“ feiert, der führt eine langjährige Ehe, die schon 50 Jahre dauert. Eine „Goldene Schallplatte“ hat sich jemand verdient, dessen Musik auf sehr vielen Tonträgern verkauft wurde.

Als „Goldenen Schnitt“ bezeichnet man die harmonische Teilung einer Geraden. Dabei ist das Verhältnis der Gesamtlänge (a+b) der Geraden zur Länge ihres größeren Teilabschnitts (a) gleich dem Verhältnis von größerem (a) zu kleinerem (b) Teilabschnitt. Das klingt kompliziert. Die unten stehende Skizze veranschaulicht Dir das Teilungsprinzip nach dem Goldenen Schnitt. Beispielsweise in der Malerei hat es sich bewährt, ein Bild nach dem Goldenen Schnitt aufzuteilen.

Etwas kompliziert, aber sehr wirkungsvoll: der Goldene Schnitt

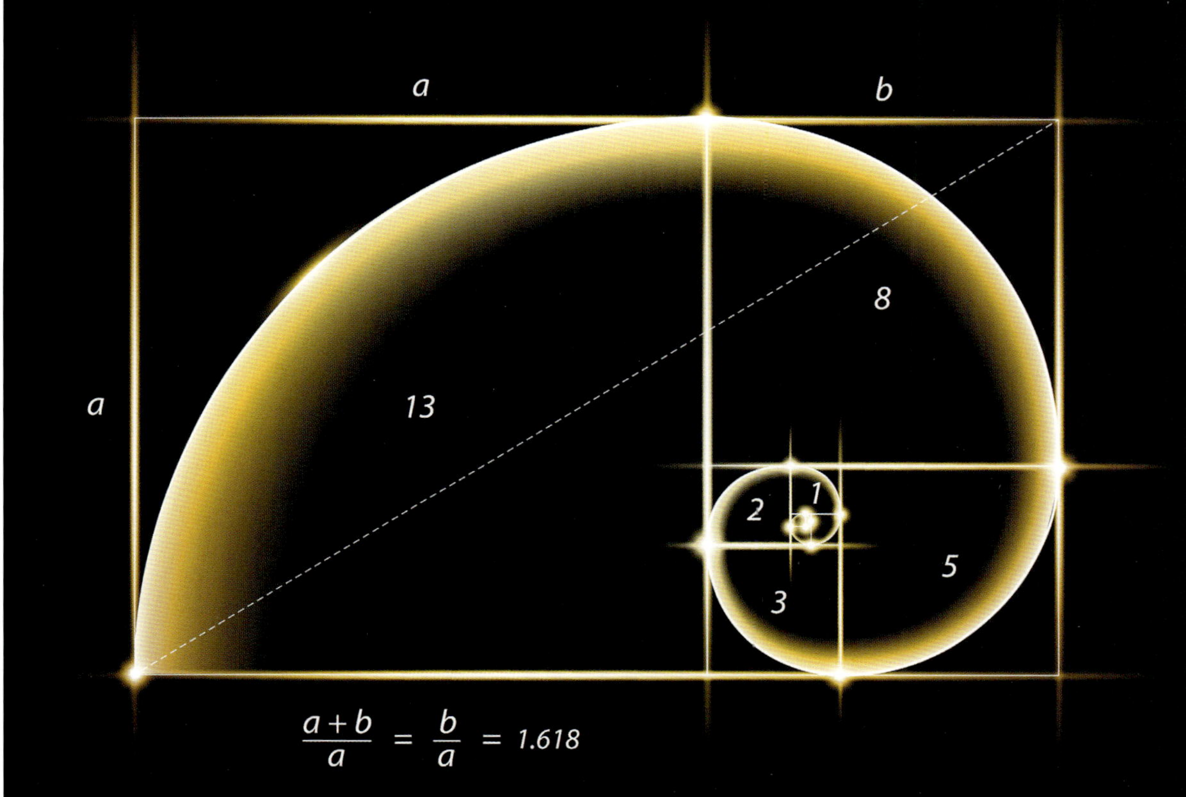

Wunderschön, aber sehr giftig: der Goldregen

„Goldene“ Tiere und Pflanzen

Pflanzen und Tiere führen manchmal den Beinamen „Gold-“, besonders wenn sie gelbe Färbungen aufweisen. Bei den Tieren kennt jeder den Goldhamster und den Goldfisch. Es gibt aber auch Vögel wie Goldfasan, Goldammer, Goldhähnchen (der kleinste Vogel Deutschlands!) und Goldregenpfeifer. Beispiele unter den Pflanzen sind Goldregen, Goldraute, Golddistel, Goldhafer, Goldparmäne, Goldlack und Güldenpfennigkraut.

Hättest Du gedacht, dass es so wunderschön goldfarbene Rosenkäfer gibt? Sie leben in Costa Rica in Mittelamerika.

Bei Sonderangeboten ist nicht alles Gold, was glänzt ...

Gold in der Werbung

Auch die Werbung bedient sich der positiven Ausstrahlung des Wortes „Gold“. Wie weit verbreitet „Gold-“Produkte sind, das kannst Du beim Einkaufen im Supermarkt beobachten. Wenn Du von jeder Packung mit der Aufschrift „Gold“ eine mitnehmen würdest, dann wäre der Einkaufskorb bald voll.

Wenn Du durch einen Supermarkt läufst, findest Du viele Produkte, die mit „Gold-“ locken

Die sprichwörtliche Gans, ...

„Morgenstund hat Gold im Mund“

Auch in vielen Sprichwörtern und Redewendungen wird „Gold“ im übertragenen Sinne verwendet. So erscheint manches viel wertvoller, als es tatsächlich ist, denn „es ist nicht alles Gold, was glänzt“. Wer „sich eine goldene Nase verdient“, macht finanziell sehr erfolgreiche Geschäfte. „Ein Herz aus Gold“ haben Menschen, die fürsorglich und mitmenschlich sind. „Morgenstund hat Gold im Mund“: Das heißt, dass Frühaufsteher mehr erreichen. Menschen, die alles „auf die Goldwaage legen“, sind sehr empfindlich und nehmen vieles übergenau. „Die Gans schlachten, die goldene Eier legt“ – das macht jemand, der etwas verkauft, was ihm langfristig dauerhaft Geld eingebracht hätte. Will man jemanden mit einigem Aufwand zu etwas Bestimmtem bewegen, dann kann man ihm eine „goldene Brücke bauen“. „Goldene Hände haben“ diejenigen, die handwerklich besonders geschickt sind. „Im goldenen Käfig“ sitzen Menschen, die sehr reich sind, aber auf Kosten eigener Freiheiten. Etwas außerordentlich Wertvolles ist „mit Gold nicht aufzuwiegen“. Bevor man etwas Falsches sagt, sollte man besser schweigen, denn „Reden ist Silber, Schweigen ist Gold“.

Ein sehr tiefsinniger Sinnspruch des Philosophen, Kirchenlehrers und Heiligen Augustinus von Hippo (354 bis 530) – Hippo liegt im heutigen Algerien – besagt: „Der Frieden ist das Gold des Lebens“.

... die goldene Eier legt, sollte man nicht schlachten

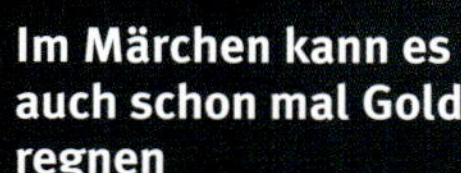

Im Märchen kann es auch schon mal Gold regnen

Märchen und Sagen

In einigen Märchen und Sagen spielt Gold eine besondere Rolle. Manche Märchen verraten die Sehnsucht des Menschen nach Gold schon im Titel, wie „Die Goldene Gans“, „Tischlein deck dich, Goldesel streck dich, Knüppel aus dem Sack“ oder „Der Teufel mit den drei goldenen Haaren“. Andere Märchen musst Du lesen oder hören, um die Goldmarie („Frau Holle“), die goldene Kugel („Der Froschkönig“), die goldenen Pantoffeln („Aschenputtel“) oder das zu Gold gesponnene Stroh („Rumpelstilzchen“) zu entdecken.

Märchen erzählen eine frei erfundene Handlung, in denen oft Wünsche der Menschen zum Ausdruck kommen. Dagegen haben Sagen reale geografische und historische Bezüge, also einen „wahren Kern“. Deshalb können Sagen, in denen es um Gold geht, wertvolle Hinweise für Goldsucher sein. Tatsächlich wurden in jüngster Zeit einige Fundstellen von Gold und Edelsteinen aufgrund von Beschreibungen in Sagen entdeckt.

Nibelungengold

Im Nibelungenlied, einer mittelalterlichen Heldenerzählung, besitzt Siegfried einen reichen Schatz aus Edelsteinen und rotem Gold aus dem Besitz König Nibelungs. Hagen ermordet Siegfried und versenkt den Nibelungenschatz im Rhein. Bis heute bemühen sich Schatzsucher vergeblich, ihn zu finden.

Waschpfanne, Schaufel, Eimer und Sieb gehören zur Grundausstattung des Goldsuchers

Werde zum Goldsucher!

Wenn Du erfolgreich auf Goldsuche gehen willst, dann brauchst Du drei Dinge: richtiges Werkzeug, Erfahrung im Umgang damit und eine Fundstelle.

Mit Pfanne und Schaufel

Die Grundausstattung eines Goldwäschers besteht – neben hohen Gummistiefeln und wetterfester Kleidung – aus einer Goldwaschpfanne und einer Schaufel. Nützlich sind auch ein Eimer und ein Sieb. Du weißt ja schon, dass Gold schwer ist. Es lagert sich also im Bach immer zuunterst ab. Folglich musst Du auch tief graben, um an das Gold zu gelangen. Dafür brauchst Du eine gute Schaufel. Es gibt spezielle Goldgräberschaufeln. Mit ihnen geht das Schaufeln am besten.

Bei den Goldwaschpfannen kannst Du unter verschiedenen Modellen wählen. Einige sind aus Holz, andere aus Metall, die meisten aus Plastik. Ihre Formen und Funktionsweisen sind unterschiedlich. Häufig verwendet wird die amerikanische Pfanne. Sie sieht aus wie eine Bratpfanne ohne Griff. Viele Pfannen haben an der geneigten Innenseite Riffeln, die das Gold beim Waschen sicherer zurückhalten.

Ein Sieb hilft beim Abtrennen der größeren Steine und erleichtert somit das Waschen. Einen Eimer kannst Du verwenden, um das gesiebte Material zu sammeln, bevor Du es mit der Pfanne wäschst.

Wie das mit der Goldwaschpfanne funktioniert, lässt Du Dir am besten von einem erfahrenen Experten zeigen

Übung macht den Meister

Das Schaufeln des richtigen goldhaltigen Materials, der Umgang mit der Pfanne und den anderen Goldwaschgeräten erfordern etwas Erfahrung. Damit Du Erfolg hast beim Goldwaschen, musst Du jeden Arbeitsschritt sicher beherrschen. Wie das geht, solltest Du Dir erklären lassen. Am besten ist es, wenn Dir das ein erfahrener Goldwäscher direkt zeigt. Es gibt auch Anleitungen, die das Goldwaschen Schritt für Schritt erläutern.

Hier hat sich die Mühe gelohnt ...

In Übersee gibt's mehr ...

Ergiebige Fundstellen für Goldsucher liegen in Ländern wie Australien, Kanada und den USA. Aus diesen Ländern kannst Du Deine Goldfunde auch ziemlich problemlos ausführen. Über die jeweiligen aktuellen gesetzlichen Regelungen bei der Goldsuche und der Ausfuhr Deiner Funde solltest Du Dich vorher kundig machen. Oft gibt es sogar in verschiedenen Bundesstaaten und Provinzen der genannten Länder unterschiedliche Bestimmungen für die Goldsuche. In einigen Ländern ist die private Goldsuche stark eingeschränkt oder sogar ganz verboten, etwa in Russland.

Goldsuchen in Deutschland, Österreich und der Schweiz

Gibt es in den deutschsprachigen Ländern auch noch Gold zu finden? Die Antwort ist eindeutig: Ja! Ich selbst habe beispielsweise in über 700 deutschen Bächen und Flüssen Gold gefunden. Zählt man die Funde anderer Goldsucher noch hinzu, so kommt man auf über 1 000 bekannte Goldgewässer allein in Deutschland. Es wurden aber sicher noch lange nicht alle „Goldbäche" entdeckt. Insgesamt gibt in Deutschland bestimmt mehrere Tausend Goldbäche und -flüsse. Hinzu kommen noch Fundstellen, die nicht an Fließgewässern liegen. So sind auch an der Küste von Ostsee und Nordsee Spuren von Gold zu finden.

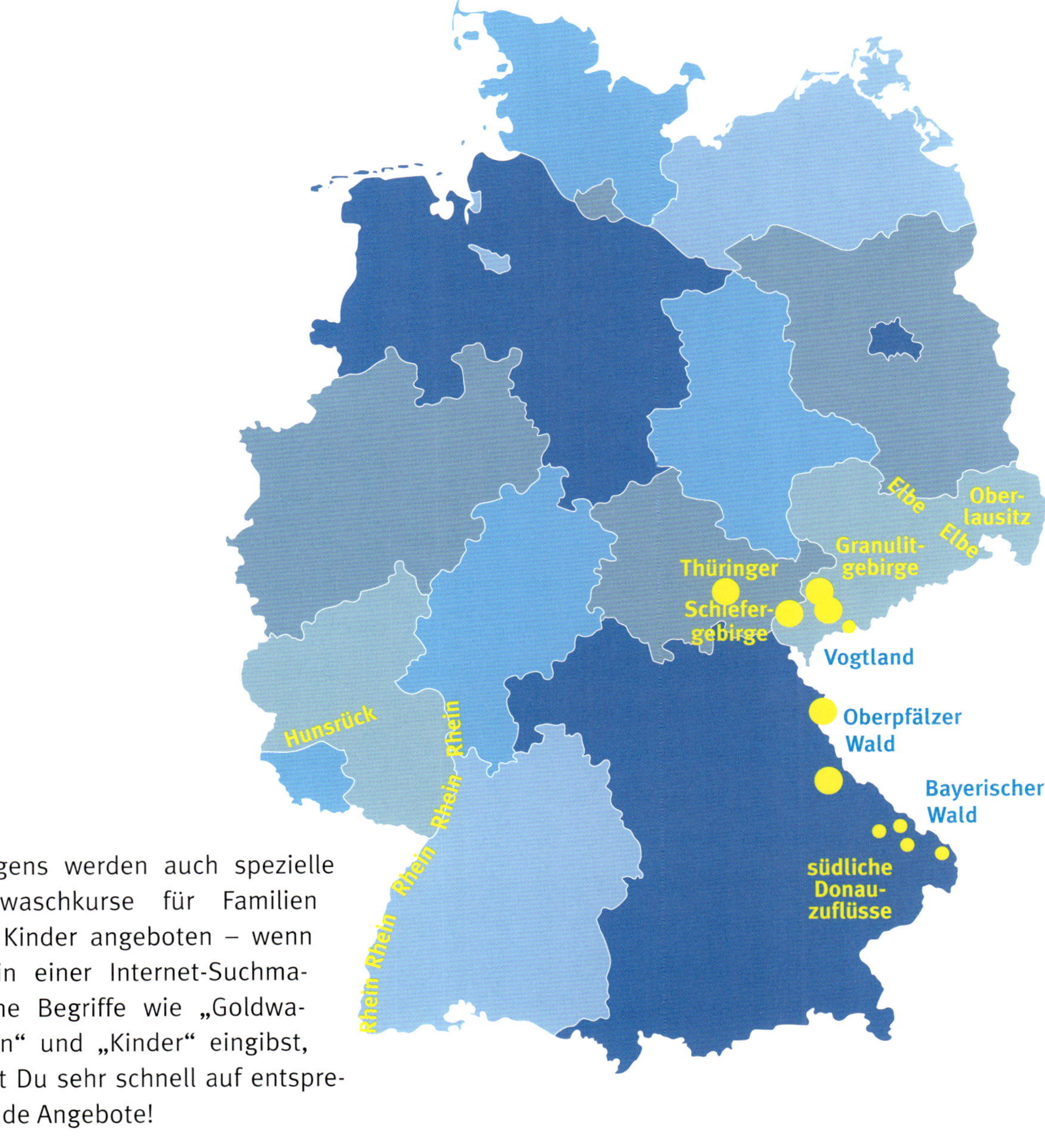

Übrigens werden auch spezielle Goldwaschkurse für Familien und Kinder angeboten – wenn Du in einer Internet-Suchmaschine Begriffe wie „Goldwaschen" und „Kinder" eingibst, stößt Du sehr schnell auf entsprechende Angebote!

Wirklich Gold?

Wenn Du in der Natur etwas Gelbes findest, das metallisch glänzt, dann könnte es Gold sein – aber auch Katzengold (Pyrit). Gelbliche Glimmer- und Tonminerale können ebenfalls wie Gold aussehen, vor allem wenn sie nass sind.

Um also herauszufinden, ob es wirklich Gold ist, was Du gefunden hast, drücke mit einer Nadel oder einem anderen harten Gegenstand (oft reicht schon der Fingernagel) auf das Fundstück. Zerspringt es dabei in kleine Teile, dann ist es spröde und kein Gold. Echtes Gold ist biegsam.

So ein tolles Nugget zu finden, ist natürlich der Traum eines jeden Goldwäschers!

An solchen Trögen kannst Du in vielen Goldwaschgebieten das Goldwaschen in Ruhe üben

Sicher möchtest Du noch mehr über Gold erfahren

Weitere Informationen über Gold

Du weißt ja nun schon eine Menge über Gold aus diesem Buch. Aber alles steht natürlich nicht hier drin. Dafür ist das Thema Gold viel zu umfangreich. Um mehr zu erfahren und mit dem Gold zu erleben, kannst Du verschiedene Informationsquellen nutzen.

Viele Informationen erhältst Du im weltweiten Internet. Der Vorteil dabei ist der schnelle, einfache und kostengünstige Zugang zu den Informationen. Nachteilig ist allerdings der relativ große Anteil weniger vertrauenswürdiger Informationen. Aber mit der Zeit merkst Du schon, was mit Deinen eigenen Erfahrungen übereinstimmt und was eher weniger oder gar nicht.

Eine weitere Informationsquelle sind Bücher. Sie sind meist vertrauenswürdig, da gedruckter Text in der Regel gründlicher durchdacht ist als gesprochene Worte oder digital verbreitete Informationen. Das heißt natürlich nicht, dass in allen Büchern nur die Wahrheit steht. Auch Fachleute wissen nicht alles und können sich mal irren. Hinterfrage also alles gründlich und vergleiche es mit Deinen eigenen Kenntnissen und Erfahrungen.

Auch Museen können nützliche Informationsquellen sein. Viele Naturkundemuseen zeigen allerdings nicht viel mehr als ein paar Goldstücke. Es gibt aber spezielle Goldmuseen. Das größte und älteste Goldmuseum Europas befindet sich in Finnland und zwar in dem Örtchen Tankavaara.

Deutsches Goldmuseum

Ein Spezialmuseum zum Thema Gold gibt es mitten in Deutschland im thüringischen Theuern. Dort findest Du Antworten auf (fast) alle Fragen zum Gold. Alle Informationen rund um dieses Museum findest Du im Internet unter http://www.goldmuseum.de
Auch in der Schweiz existiert ein Goldmuseum: www.helvetisches-goldmuseum.ch

Den großen Traum verwirklichen

Wenn Du einen großen Traum hast, ob Du eine Wüste bewässern, eine gerechte Welt schaffen oder Gold finden willst, dann kannst Du Dein Ziel erreichen. Du solltest aber bereit sein, dafür viel zu lernen und fleißig zu arbeiten.

Eigne Dir möglichst viel Wissen an über das, was Du erreichen willst. Stelle so lange Fragen, bis Du eine zufriedenstellende Antwort gefunden und die Sache verstanden hast. So habe ich das auch gemacht. Als ich acht Jahre alt war, träumte ich erstmals davon, Gold zu finden. Ich habe alle Informationen über Gold gesammelt, Zeitungsartikel ausgeschnitten, in Bibliotheken Texte aus Büchern abgeschrieben (Kopierer gab es damals noch nicht) und Nachrichten über Gold aus dem Radio oder Fernsehen aufgeschrieben (Internet gab es auch noch nicht). In der Schule habe ich mich besonders für Naturwissenschaften interessiert und nach der Schulzeit Geologie studiert. Kurz nach dem Studium gelang mir dann mein erster Goldfund in Deutschland. Damit war die Sache für mich aber nicht erledigt. Ich habe die Goldvorkommen genauer untersucht und viele neue Erkenntnisse über Gold in Deutschland und der Welt gewonnen. Darüber habe ich Bücher geschrieben. Manchmal kommen sogar Professoren und andere Fachleute zu mir, um sich über bestimmte Fragen zum Gold mit mir zu beraten.

Die zweite wichtige Voraussetzung für Deinen Erfolg ist Dein Einsatz für Deine Sache. Du solltest Dich mit ganzem Herzen und Verstand einbringen für Dein Ziel. Nutze jede freie Zeit, um Dich mit Deinem Anliegen zu beschäftigen. Gehe Schritt für Schritt Deinen Weg. Und lass Dich nicht entmutigen, wenn etwas nicht gleich so klappt, wie Du Dir das vorstellst. Versuche es einfach noch einmal. Beharrlichkeit führt zum Ziel. Bei mir hat es zwanzig Jahre gedauert, bis sich mein Traum von einem Goldfund in Deutschland erfüllt hatte. Inzwischen habe ich in über 700 deutschen Fließgewässern Gold entdeckt und in vielen weiteren Goldvorkommen vorhergesagt, aufgrund von geologischen Anzeichen. Und einigen Goldgräbern in Amerika und Afrika habe ich geholfen, wenn sie Probleme hatten, genügend Gold in ihrer Mine zu finden.

Geh Deinen Weg mit goldener Beharrlichkeit, dann kommst Du ans Ziel!

Du siehst also, dass Du viel erreichen kannst, wenn Du Dich mit ganzem Herzen und Verstand dafür einsetzt.

Großes Gold-Quiz

Du weißt jetzt schon gut Bescheid über Gold. Bestimmt kannst Du Deinen Freunden und Verwandten Spannendes über dieses faszinierende Metall erzählen. Hast Du Lust, Dein Wissen zu testen? Dann kreuze bei jeder Frage die Antwort mit Bleistift an, die Du für richtig hältst. Manchmal sind auch mehrere richtige Antworten möglich. Auf Seite 64 findest Du die Lösungen. Viel Spaß!

1. Wie heißt ein Wissenschaftler, der sich mit dem Aufbau und der Zusammensetzung der Erde (und ihrer Goldvorkommen) beschäftigt?

a) Geologe ❍
b) Theologe ❍
c) Rheologe ❍

2. Wie viel Gold enthält die Erdkruste im Durchschnitt?

a) gar kein Gold ❍
b) 4 Milligramm pro Tonne ❍
c) 4 Kilogramm pro Tonne ❍

3. Welches der drei folgenden Metalle hat die höchste Dichte, ist also am schwersten?

a) Eisen ❍
b) Blei ❍
c) Gold ❍

4. Fünf Zehn-Liter-Eimer voll Wasser wiegen einen Zentner (50 Kilogramm). Wie viel wiegen sie voll Gold?

a) etwa eine Unze (31 Gramm) ❍
b) auch etwa einen Zentner (50 Kilogramm) ❍
c) etwa eine Tonne (1 000 Kilogramm) ❍

5. Alles bisher in der ganzen Welt gewonnene Gold passt in einen Würfel ...

a) ... von einem Meter Kantenlänge und wiegt etwa 19 Tonnen ❍
b) ... von zehn Metern Kantenlänge und wiegt etwa 19 000 Tonnen ❍
c) ... von 21 Metern Kantenlänge und wiegt etwa 170 000 Tonnen ❍

6. Um die Echtheit und die Reinheit von Goldmünzen mit einfachen Mitteln zu prüfen, hat man früher draufgebissen. Warum?

a) Weil reines Gold einen charakteristischen Geschmack hat ❍
b) Weil reines Gold so weich ist, dass ein Biss darauf einen Zahnabdruck hinterlässt ❍
c) Weil beim Biss auf reines Gold eine Spannung entsteht, die als leichtes Kribbeln spürbar ist ❍

7. Was ist Karat?

a) Ein Maß für die Reinheit von Gold: 24 Karat bedeutet hundertprozentiges Gold ❍
b) Ein Maß für das Gewicht von Edelsteinen und Perlen: Ein Karat sind 0,2 Gramm ❍
c) Der Name einer Musikgruppe aus der ehemaligen DDR ❍

8. Wie alt sind die ältesten von Menschenhand gefertigten Goldgegenstände in der Welt?

a) 600 Jahre ❍
b) Über 6 000 Jahre ❍
c) Fast 6 Millionen Jahre ❍

9. In welchem Gangmineral sitzt Berggold am häufigsten?

a) Quecksilber ❍
b) Quark ❍
c) Quarz ❍

10. Was ist ein Goldrausch?

a) Eine verstärkte Einwanderung in ein Gebiet mit spektakulären Goldfunden ❍
b) Ein Alkoholrausch mit Goldlikör ❍
c) Das Rauschen von Blattgold im leichten Wind ❍

11. Welches der folgenden Metalle hat keine gelbe Färbung?

a) Gold ❍
b) Messing ❍
c) Kupfer ❍

12. Welches der folgenden Metalle ist ein Gemisch aus mehreren Elementen?

a) Gold ❍
b) Messing ❍
c) Kupfer ❍

13. Was ist Königswasser?

a) Eine Säuremischung, die sogar Gold lösen kann ❍
b) Ein Duftwasser, mit dem sich Könige früher gern parfümiert haben ❍
c) Ein besonders teures Tafelwasser aus goldführendem Gestein ❍

14. Wo liegt die größte Goldlagerstätte der Welt?

a) In Norddeutschland ❍
b) In Südafrika ❍
c) Im Wilden Westen ❍

15. Welches der folgenden Minerale ist kein echtes Gold?

a) Berggold ❍
b) Seifengold ❍
c) Katzengold ❍

16. Eine Goldwaschpfanne ist ein typisches Werkzeug für …

a) … die großindustrielle Goldgewinnung ❍
b) … den handwerklichen Kleinbergbau ❍
c) … die Freizeit-Goldwäscherei ❍

17. Wo wurde der bisher größte bekannte Goldklumpen der Welt gefunden?

a) In Sibirien ❍
b) In Amerika ❍
c) In Australien ❍

18. Was ist ein Goldhähnchen?

a) Ein goldbraun gebratenes Hähnchen ❍
b) Der kleinste Vogel Deutschlands ❍
c) Ein junger Hahn, der gern Goldkörner aus dem Sand pickt ❍

19. Berggold ist …

a) … im Gestein eingeschlossenes Gold ❍
b) … auf der Spitze eine Berges gefundenes Gold ❍
c) … zu großen Bergen aufgehäuftes Gold ❍

20. Seifengold ist …

a) Waschgold, also Gold aus verwittertem Gestein in Fließgewässern ❍
b) … ein Stück Seife mit Goldflittern darin ❍
c) … mit Seife gereinigtes Barrengold ❍

Lösungen zum Gold-Quiz:

1) a: Ein Wissenschaftler, der sich mit der Erde und ihren Goldvorkommen befasst, heißt Geologe.
2) b: Die Erdkruste enthält im Durchschnitt etwa 4 Milligramm Gold pro Tonne.
3) c: Gold ist deutlich schwerer als Eisen und Blei.
4) c: Fünf Eimer voll Gold wiegen etwa eine Tonne (1 000 Kilogramm).
5) c: Alles weltweit bisher gewonnene Gold passt in einen Würfel von 21 Metern Kantenlänge. Es wiegt 170 000 Tonnen.
6) b: Reines Gold ist so weich, dass beim Draufbeißen ein Zahnabdruck zurückbleibt.
7) Alle drei Antworten sind richtig.
8) b: Grabbeigaben im bulgarischen Warna haben ein Alter von über 6 000 Jahren.
9) c: Berggold sitzt meist im Gangmineral Quarz.
10) a: Eine verstärkte Einwanderung in ein Gebiet mit spektakulären Goldfunden nennt man auch Goldrausch.
11) c: Kupfer ist nicht gelb, sondern rötlich gefärbt.
12) b: Messing ist eine Legierung aus Kupfer und Zink.
13) a: Königswasser ist eine Säuremischung, die sogar Gold lösen kann.
14) b: Die größte Goldlagerstätte der Welt (Witwatersrand) liegt in Südafrika.
15) c: Katzengold ist kein echtes Gold, sondern ein Eisenmineral.
16) b und c: Eine Goldwaschpfanne ist ein typisches Werkzeug für den Kleinbergbau und die Hobby-Goldwäscherei.
17) c: Der größte bekannte Goldklumpen der Welt wurde in Australien gefunden.
18) b: Das Goldhähnchen gilt als der kleinste Vogel Deutschlands.
19) a: Berggold ist im Gestein eingeschlossen.
20) a: Seifengold ist Waschgold.

Entdecke die Reihe mit der Eule!

Entdecke die Eulen

Entdecke die Greifvögel

Entdecke die Geier

Entdecke die Rabenvögel

Entdecke die Spechte

Entdecke die Finken

Entdecke die Spatzen

Entdecke die Eisvögel

Entdecke die Zugvögel

Entdecke die Singvögel

Entdecke die Meisen

Entdecke die Kraniche

Entdecke die Störche

Entdecke Schwäne, Gänse & Enten

Entdecke die Möwen

Entdecke die Pinguine

Entdecke die Papageien

Entdecke die Kolibris

Entdecke die Fledermäuse

Entdecke die Hunde

Entdecke die Kühe

Entdecke die Pferde

Entdecke die Esel

Entdecke die Nagetiere

Entdecke die Igel

Entdecke die Waschbären

Entdecke die Biber

Entdecke die Otter

Entdecke heimische Wildtiere

Entdecke die Wölfe

Entdecke die Bären

Entdecke die Tiger

Entdecke die Menschenaffen

Entdecke Affen und Lemuren

Entdecke die Pandas

Entdecke die Elefanten

Entdecke die Nashörner

Entdecke die Erdmännchen

Entdecke die Beuteltiere

Natur und Tier - Verlag GmbH
An der Kleimannbrücke 39/41 · 48157 Münster
Telefon: 0251 - 13339-0 · Fax: 0251 - 13339-33
E-Mail: verlag@ms-verlag.de · www.ms-verlag.de